Veröffentlicht im Jahre 2002 von
Exley Handels-GmbH, Kreuzherrenstr.1,
52379 Langerwehe-Merode, Deutschland

Copyright © Helen Exley 1998
Herausgabe und Bildauswahl von Helen Exley

ISBN 3-89713-089-0

Die moralischen Rechte des Autors sind geltend gemacht.

Eine Kopie der CIP Daten ist von der British Library auf Anforderung erhältlich. Alle Rechte vorbehalten. Das Werk, einschließlich aller seiner Teile, ist urheberrechtlich geschützt. Jede Verwertung außerhalb der engen Grenzen des Urheberrechtsgesetzes ist ohne schriftliche Zustimmung des Verlages unzulässig und strafbar. Das gilt insbesondere für jede Art von Vervielfältigungen, für Übersetzungen, Mikrover-filmungen, Einspeicherung und Verarbeitung in elektronischen Systemen.

Bildforschung von Image Select International
Deutsche Übertragung von Hella Hinzmann
Gedruckt in China

Danksagungen: Die Veröffentlicher sind für die Erlaubnis dankbar, Copyright-Materialien reproduzieren zu dürfen. Obwohl alle Bemühungen unternommen wurden, weitere Copyright-Besitzer zu finden, würde sich der Veröffentlicher freuen, von jenen zu hören, die hier nicht aufgeführt sind. JOE CLARO aus: *The Random House Book of Jokes and Anecdotes*, herausgegeben von Joe Claro, veröffentlicht von Random House Inc. STUART CRAINER aus: *The Ultimate Book of Business Quotations*, veröffentlicht von Capstone Publishing Ltd. © Stuart Crainer 1997, verwendet mit Genehmigung. GUY KAWASAKI aus: *The Computer Curmudgeon*, veröffentlicht von Hayden Books, USA, © 1992 Guy Kawasaki.

Bildgenehmigungen: Exley Publications bedankt sich bei den folgenden Personen und Organisationen für die Genehmigung, ihre Bilder reproduzieren zu dürfen. Obwohl alle Bemühungen unternommen wurden, weitere Copyright-Besitzer zu finden, würde sich der Veröffentlicher freuen, von jenen zu hören, die hier nicht aufgeführt sind. The Image Bank: Cover und Seiten 6, 8, 12, 16, 20, 24, 28, 32, 40, 44, 54, 58. Pix: Titelseite und S. 50. Telegraph Colour Library: Cover.

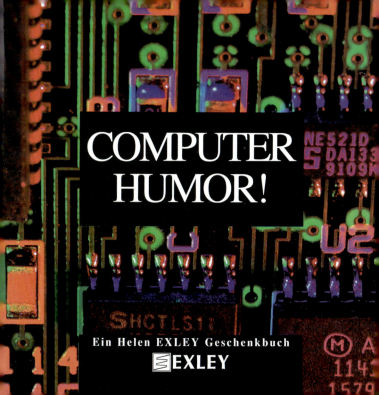
COMPUTER HUMOR!

Ein Helen EXLEY Geschenkbuch
EXLEY

"Wie war Dein Tag heute im Büro, mein Lieber?"

"Katastrophal! Der Computer ist abgestürzt und wir alle mußten denken!"

EDWARD PHILLIPS

Jede Dekade bringt eine 300-fache Erhöhung der verfügbaren Komplexität im Computer. Bei dieser Rate werden die Computer die Komplexität des menschlichen Gehirns etwa zwischen 2010 und 2020 erreichen.
Traurig, aber was immer wir auch tun, unsere Kräfte voranzubringen, können wir auch für Roboter tun ... denn sie sind offensichtlich die schnelleren Denker. Vielleicht werden sie gnädig genug sein, uns als Haustiere zu halten.

CLIVE SINCLAIR
1. VORSITZENDER DER BRITISCHEN GESELLSCHAFT
MENSA

ZEHN GEBOTE
FÜR COMPUTER-ANWENDER

1. Arbeite immer als Teil eines Teams. So kannst Du jemanden anders bezichtigen, wenn etwas schief geht.
2. Die beste Möglichkeit, Deinen Job zu erhalten, ist, am ersten Tag soviel durcheinander zu bringen, daß man es sich nicht leisten kann, Dich zu feuern.
3. Hüte Dich vor jeder Computer-Installation, die zu viele Spezifikationen hat.
4. Alles, was Du vor zwei Wochen über Computerprogramme gelernt hast, ist schon wieder veraltet.
5. Verschwende keine Zeit damit, Deine Fehler zu suchen. Suche lieber denjenigen, den Du dafür verantwortlich machen kannst.

6. Laß den Computer niemals spüren, daß Du es eilig hast.

7. Versuche, in den Entscheidungsprozeß einbezogen zu werden. Bestehe darauf, daß sie Dich ab und zu auch wirklich lassen.

8. Es gibt nie soviel Zeit, etwas perfekt zu machen, aber es gibt immer genug Zeit, es noch einmal zu machen.

9. Den Stecker einstecken könnte helfen.

10. Wenn alles versagt, lies das Handbuch

EDWARD PHILLIPS

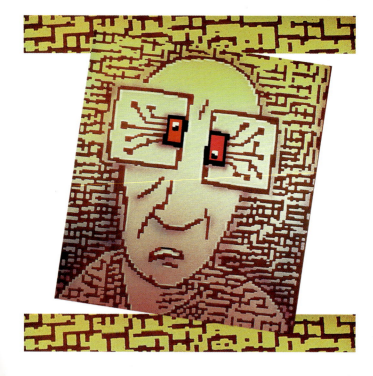

Die Welt war einmal unterteilt in jene, die Computer benutzten und jene, die es nicht taten. So ist es nicht mehr. Die neue Welt ist unterteilt in jene, die hilflos zugesehen haben, wie ihr Computer abgestürzt ist und jene, die darauf warten, daß es passiert.

STUART CRAINER

COMPUTER STÜRZEN KAUM AB.
SIE "SHDGFG$&IJ)
(*&*&`SSSSSSSSSSSSSSSS..." NUR.

D.J. FLEMING

Über unserem neuen Bürocomputer war ein Schild, auf dem stand:

HEUTE IST DAS MORGEN, WORÜBER DU DIR GESTERN SORGEN GEMACHT HAST.

Eine Woche später hatte jemand hinzugefügt:

UND NUN WEIßT DU AUCH, WARUM!

MILTON BERLE

DIE SECHS PHASEN DER COMPUTER-INSTALLATION:

1. Allgemeiner Enthusiasmus.
2. Totale Verwirrung.
3. Allgemeine Enttäuschung.
4. Suche nach dem Schuldigen.
5. Bestrafung der Unschuldigen.
6. Lob für die Unbeteiligten.

RICHARD S. ZERA

Wann ist ein Computer veraltet? Am nächsten Tag, nachdem Du gelernt hast, damit umzugehen.

MILTON BERLE

DU WEIßT,
DEIN COMPUTER
IST VERALTET, WENN:
Er jeden Satz mit "Zu meiner Zeit war das nicht so ... " beginnt.
Er älter als zwei Wochen ist.
Eine neue Software auf den Markt kommt.
Der eigenartige Brandgeruch übermächtig wird.

STUART UND LINDA MACFARLANE

Jedes Mal, wenn man ein Computermagazin hernimmt, wird man entdecken, daß der ganze Stolz und die Freude, wofür man den letzten Pfennig ausgegeben hat, jetzt nur nur noch die Hälfte von dem kostet, was er vor drei Monaten gekostet hat und daß es mindestens zwei stärkere, dafür billigere Modelle gibt.

ROBERT AINSLEY & ALEXANDER C. RAE,
AUS "BLUFF YOUR WAY IN COMPUTERS"

Es gibt zwei Arten von Computern: den Prototyp und den veraltetenTyp.

AUTOR UNBEKANNT

BEGRIFFSERLÄUTERUNGEN

Compress: Reduzierung von Dateien, die Du wegwerfen solltest.

Computer-Konferenz: Eine Zusammenkunft von Computer-Experten, die herumprahlen, wie clever sie sind, in einem Erholungsort.

Diagnose-Programm: Ein Programm, das Dir sagt, was Du schon weißt: Deine Dateien sind verschmolzen.

Electronic Mail: Eine Methode, Mitteilungen zu erhalten, die Du nicht verstehst von Leuten, die Du nicht kennst, Dinge betreffend, für die Du Dich nicht interessierst.

Hard Disk: Ein Gerät, das es Dir ermöglicht, Dateien zu behalten, die Du nicht brauchst.

Multimedia: Etwas Unmögliches auf der Suche nach dem Nicht-Machbaren.

Test Drive Kit: Eine Demo-Version von Software, die darauf abzielt, Leute zu überzeugen, etwas zu kaufen, was sie nicht brauchen, von Leuten, denen sie nicht trauen, mit Geld, das sie nicht haben.

Server: Software, die andere Leute in die Lage versetzt, Deinen Computer kaputt zu machen.

Garantie: Der Zeitabschnitt, in dem Dein Computer nicht abstürzt.

GUY KAWASAKI
AUS: "THE COMPUTER CURMUDGEON"

Computer-Experte: jemand, der etwas, das Du schon weißt, so ausdrücken kann, daß es verwirrend klingt.

Die Aufgabe eines Computer-Experten ist es nicht, unbedingt Recht zu haben, sondern aus etwas ausgefalleneren Gründen falsch zu liegen.

EDWARD PHILLIPS

IT-Berater: jemand, der seinem Kunden etwa so viel Geld einspart, daß der seine Rechnung bezahlen kann.

FRED METCALF

WARUM DEIN COMPUTER BESSER ALS DEINE VERABREDUNG IST

- Computer können abgeschaltet werden, wenn Du mit ihnen fertig bist.
- Sie sagen niemals «Du kannst Dich heute nicht einloggen, ich habe Kopfschmerzen.»
- Sie erinnern sich an alles, was Du willst und vergessen alles, was Du willst.
- Sie hören Dir immer zu, wenn Du sprichst.

- Sie ärgern sich nicht, wenn Du ihren Geburtstag vergißt.
- Sie sind nicht unhöflich zu allen Deinen Freunden.
- Sie lassen Dich nicht wegen eines anderen sitzen.
- Sie sind nicht eifersüchtig, wenn Du Deine Zeit mit anderen Computern verbringst.

STUART UND LINDA MACFARLANE

Die Arbeitswelt ist abschreckend. Nach Jahren des Studierens und postgradualer Weiterbildung plus Praktikum setzen sie Dich an einen Tisch vor diese kleine Maschine, die cleverer ist als Du.

ELIZABETH COTTON

DER ABSCHRECKENDE COMPUTER

In früheren Jahren
war es wichtig, eine Antilope jagen
und mit einem einzigen
Blattschuß töten zu können.
Aber dieses Können
wird von Jahr zu Jahr unwichtiger.
Heute ist alles, was zählt, daß Du
Deine eigene Internet Card installieren
kannst, ohne technische Unterstützung zu
holen, weil Du damit Deine
Unzulänglichkeiten einem Fremden
offenbaren müßtest, dessen einzige
Entscheidungsfreiheit
darin besteht, technische
Unterstützung zu geben.

SCOTT ADAMS, ERFINDER VON DILBERT

ERWACHSENE HÄNGEN HINTERHER

"Arithmetik ist leicht für Dich",

sagte der Fünfjährige zu seinem Vater.

"Du kannst alles im Kopf rechnen.

Ich muß einen Computer dazu nehmen."

MILTON BERLE

Das Verteidigungsministerium bestellte
einmal beim Verlag Ladybird Books ein Buch
über die Arbeitsweise von Computern.
Als Ladybird darauf verwies,
daß seine Bücher für Kinder bis
etwa neun Jahre gedacht seien,
bedankte sich das Ministerium und
bestätigte die Bestellung.

DAVID HARDY, AUS: "WHAT A MISTAKE"

Fortschritt ist, wenn Du einen Angestellten, der 200 Pfund pro Woche verdient, durch einen Computer für 2000.000 Pfund ersetzt.

GILDA PETROV

Heutzutage ist eine benachteiligte Familie eine, die noch mit einem Word-Prozessor vom letzten Jahr arbeitet.

Computer-Hersteller planen,
ihren Kunden mitzuteilen,
wie lange ihr Computersystem
halten wird.
Nur noch zwei Minuten, nachdem die
letzte Rate bezahlt ist.

EDWARD PHILLIPS

COMPUTER - GESETZE

Zu der Zeit, wo ein Computer vollständig frei von Viren ist, ist er schon veraltet.

Programme expandieren und belegen irgendwann die gesamte Speicherkapazität.

Es gibt immer noch einen Virus.

Computer stürzen immer am Tag, bevor Du eine Datensicherung machen willst, ab.

Wenn Du schließlich einen größeren Speicher kaufst, reichen Deine Disketten nicht mehr aus.

Der Preis für einen Computer wird drastisch sinken, eine Woche nachdem Du ihn gekauft hast.

Alle Computer sind veraltet.

Drucker gehen zehn Minuten vor einem wichtigen Meeting kaputt.

Ein Computer macht in zwei Sekunden mehr Fehler als zwanzig Leute in zwanzig Jahren.

Dein Passwort ist immer gerade gestern abgelaufen.

STUART UND LINDA MACFARLANE

Wenn Murphy einen Computer benutzt hätte, wäre sein Gesetz sicher verloren gegangen, wenn sein Gerät abgestürzt wäre.

MIKE KNOWLES

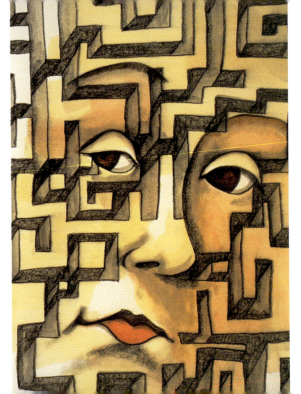

Ein Computer kann eine komplizierte mathematische Berechnung in ein paar Minuten ausführen - ein Job, für den der menschliche Geist viele Jahre brauchen würde. Wie macht er das? Das ist toll. Wer wird Jahre dafür vergeuden, um das herauszufinden?

Dave Barry

DU WEIßT, DAß DEIN COMPUTER
WEIBLICH IST, WENN

- *das Handbuch 600 Seiten hat und die ersten 590 davon dazu da sind, die Bildschirmfarbe und den Hintergrund einzustellen.*
- *Du dreißig Minuten nach dem Einschalten warten mußt, bevor er irgend etwas macht.*
- *Er erwartet, daß Du ihm Blumen schenkst.*
- *Er ununterbrochen reden will.*
- *Mehr als 100 Teile im CD-Drive stecken.*

STUART MACFARLANE

DU WEIßT, DAß DEIN COMPUTER *MÄNNLICH* IST, WENN

- *Du innerhalb weniger Wochen nach dem Kauf ein besseres Modell findest.*
- *Er nett und ordentlich aussieht, bis Du ihn nach Hause bringst.*
- *Er alle paar Minuten ein "Rülps"- Geräusch macht.*
- *Er einen 12" Monitor hat, aber glaubt, es wäre ein 18" Monitor.*
- *Er sich weigert, irgend etwas für Deine Mutter zu tun.*
- *Er gut im Büro, mittelmäßig im Schlafzimmer und gar nicht in der Küche funktioniert.*

LINDA MACFARLANE

VERSCHLUCKE DEINE WORTE ...

Ich glaube, es gibt vielleicht für
fünf Computer einen Weltmarkt.

THOMAS WATSON, VORSITZENDER VON IBM

Es gibt keinen Grund dafür, daß jemand einen
Computer zu Hause haben möchte.

KEN OLSON, PRÄSIDENT UND BEGRÜNDER
DER DIGITAL EQUIPMENT CORPORATION 1977

Computer könnten zukünftig
nicht mehr als 1,5 t wiegen.

AUS: "POPULAR MECHANICS"

THE PHONIES

Je mehr Multimedia ein Redner nutzt,
desto weniger hat er oder sie zu sagen.

▲

Je mehr Hintergrund ein Dokument hat,
desto weniger Inhalt hat es.

Electronic Mail ...
verwandelt alle normalen Jungen und
Mädchen in prahlerische John Wayne-,
Steven Segal-, Chuck Norris-,
Charles Bronson-Mutanten -
elektronische Ninja-Mörder.

GUY KAWASAKI
AUS: "COMPUTER CURMUDGEON"

Wenn Du dummes Zeug in den
Computer lädst, kommt nichts
anderes als dummes Zeug
wieder heraus.
Aber dieses dumme Zeug ist,
weil es durch eine sehr teure
Maschine gegangen ist, irgendwie
veredelt und keiner wagt es
zu kritisieren.

PIERRE GALLOIS

MR. J. Wilson erhielt e-mails
von einer Regierungsstelle,
die an J.R. Wilson adressiert waren. Er
schrieb zurück:
"Nicht J.R. Wilson. Nur J."
Der nächste Brief, den er erhielt,
war adressiert an
"Mr. Nur J. Wilson"

EDWARD PHILLIPS

Der fortgeschrittenste Computer in der
Welt wurde gefragt: "Wie entstand die
Welt?" Er antwortete: "Schauen Sie
nach in der Entstehungsgeschichte,
Kapitel 1."

"READER'S DIGEST" 1972

Ein Computer-Spezialist wurde zu einer
Reparatur eines kaputten Computers gerufen.
Er sah ihn sich genau an und versetzte
ihm dann einen schallenden Schlag mit dem
Hammer. Der Computer ging sofort wieder.
Die Rechnung ging in die Tausende.
Er erklärte später: "Die hohe Rechnung
war nicht für den Schlag mit dem Hammer.
Sie war dafür, herauszubekommen, wo der
Schlag hin mußte."

EDWARD PHILLIPS

Jargon: ist das, was Computer-Programmierer
sagen, wenn sie nicht wissen, was passiert.

REX MALIK

Programmierer:
der Inkompetente schreibt
das Unverständliche.

REX MALIK

Software-Ingenieur:
jemand, der morgen weiß, warum das,
was er gestern vorausgesagt hat,
heute nicht passiert ist.

FRED METCALF

Computer-Experten:
"Je länger der Titel, desto
unwichtiger der Job."

GEORGE MCGOVERN

DU WEIßT, DAß DU ZU LANGE AM COMPUTER WARST, WENN ...

Du keine Rechnungen mehr bezahlst, die nicht per e-mail geschickt wurden. Du ein Buch liest und dabei mit dem Rollbalken zur nächsten Seite blättern willst.
Du auf den Lichtschalter doppelt clickst, um das Licht einzuschalten.
Du versuchst, die Zeitung alle zehn Minuten abzuspeichern, nur für den Fall, daß das System abstürzt.

STUART UND LINDA MACFARLANE

Mit der Anwendung des Programms
der künstlichen Intelligenz
wurde der erste Computer-Witz
geschaffen.
Er geht so:
"0100110101011001111011"
Nun, Computer denken, das ist witzig.

D. J. FLEMING

Ein nagelneuer Großcomputer,
der jede Frage, die man ihm stellte,
beantworten konnte, wurde gefragt:
"Wie wird die Welt in fünfzig
Jahren aussehen?"
Leider konnte man die Antwort nicht lesen,
sie war in Chinesisch.

READER`S DIGEST, 1971

DU WEIßT, DAß DEINE VERABREDUNG EIN COMPUTERFREAK IST, WENN ...

Er Dir alles über die große Datenbank erzählen will, die er geschaffen hat, um alle Züge, die er gezählt hat, einzuloggen.

Sein Aufkleber am Auto lautet: "Mein anderer Computer ist ein Laptop."

Er eine IBM-Tätowierung am Arm hat (wenn er nicht gerade Ian Brian MacDonald heißt).

Sie mehrere Disketten in ihrer Handtasche hat,
aber keinen Lippenstift.
Er sich vorstellt als
Simon@Moron.twit.com.
Sie sechs Computersprachen spricht,
aber keine Fremdsprache.
Er Dich nach Hause einlädt, um Dir
seinen neuen Computer zu zeigen und
Dir seinen neuen Computer zeigt.

STUART UND LINDA MACFARLANE

Computer gehören zum Inventar in unserem
Büro, zu Hause und im Auto.
Es gibt kein Entrinnen. Der einzige Trost ist,
daß PC`s noch nicht essen und trinken.

STUART CRAINER
AUS: "THE ULTIMATE BOOK OF
BUSINESS QUOTATIONS"

Ich habe den Mythos,
der ernsthaft in unserer Kirche
verbreitet wird, gehört, daß das
Biest im Buch der Offenbarung
ein Monster-Computer sein soll.

BILL ELLIS
AUS DER ZEITUNG "INDEPENDENT"
13. DEZEMBER 1994

"NICHTS KANN SCHIEF GEHEN ..."

Das erste voll computerisierte Flugzeug
der Welt stand zum Jungfernflug bereit -
ohne Pilot und ohne Crew.
Das Flugzeug rollte automatisch zum Terminal,
die Türen öffneten sich automatisch,
die Treppe fuhr automatisch aus.
Die Passagiere gingen an Bord
und nahmen ihre Plätze ein.
Die Treppe fuhr automatisch wieder ein,
die Türen schlossen sich und
das Flugzeug rollte zur Startbahn.

"Guten Tag, Ladies und Gentlemen,"
ertönte eine Stimme.
"Willkommen zum ersten Flug des
ersten voll computerisierten Flugzeugs.
Alles in diesem Flugzeug wird elektronisch gesteuert.
Lehnen Sie sich zurück
und entspannen Sie sich.
Nichts kann schief gehen ...
nichts kann schief gehen ...
nichts kann schief gehen ..."

JOE CLARO
AUS: "THE RANDOM HOUSE BOOK OF JOKES"

Ich glaube nicht an die Theorie, daß das moderne Leben unpersönlich und von Computern dominiert wird. Und meine Frau, 674 Punkt 391 Schrägstrich 4088, stimmt mir zu.

ROBERT ORBEN

Die Frau eines Computer-Freaks beschwerte sich bei ihrem Mann. "Du gehst niemals mit mir aus. Du spielst immer nur an Deinem Computer. Du denkst nicht einmal an unseren Hochzeitstag. Ich wette, Du hast sogar das Datum unserer Hochzeit vergessen!" "Habe ich natürlich nicht," sagte der Mann. "Das war der Tag, an dem ich meinen 266 MHZ Intel Pentium II Prozessor gekauft habe!"

ANDRE DE ROCHE

"Mein Freund sagte mir letzte Woche, daß er mich verlassen würde, wenn ich nicht aufhöre, soviel Zeit an meinem Computer zu verbringen."
"Wie schade!"
"Ja - ich werde ihn vermissen."

MARIA MASTRANTONIO

WELCH EXTRA NUTZEFFEKT!?

Computer machen es leichter, viele Dinge zu tun,
aber die meisten dieser Dinge, die sie leichter
machen, brauchen gar nicht getan zu werden.

ANDREW S. ROONEY

Der wichtigste Effekt von Computern war
die Beschaffung einer Unmenge von Jobs
für Schreiberlinge.

PETER DRUCKER

Computer sind eine hervorragende Erfindung. Denkt
nur mal an die Zeit, die wir einsparen
und die wir nun nutzen können, um all die Fehler in
den Computerrechnungen zu korrigieren.

EDWARD PHILLIPS

Ist es nicht komisch, daß Computer heute Dinge tun
können, die man vor zwanzig Jahren nicht
einmal als wert erachtete, getan zu werden?

GENE PERRET

"Installation 1"

Egal, wie oft Du

Deinen Computer nutzt.

Egal, wie schnell sich

Deine kleinen Finger bewegen.

"Installation 1"

ist die Diskette, die Du

am meisten brauchst.

HAZEL MNISI

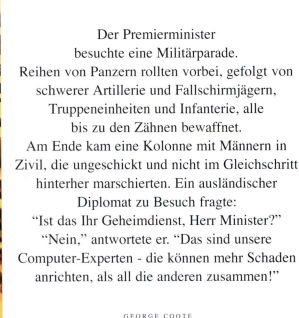

Der Premierminister
besuchte eine Militärparade.
Reihen von Panzern rollten vorbei, gefolgt von
schwerer Artillerie und Fallschirmjägern,
Truppeneinheiten und Infanterie, alle
bis zu den Zähnen bewaffnet.
Am Ende kam eine Kolonne mit Männern in
Zivil, die ungeschickt und nicht im Gleichschritt
hinterher marschierten. Ein ausländischer
Diplomat zu Besuch fragte:
"Ist das Ihr Geheimdienst, Herr Minister?"
"Nein," antwortete er. "Das sind unsere
Computer-Experten - die können mehr Schaden
anrichten, als all die anderen zusammen!"

GEORGE COOTE

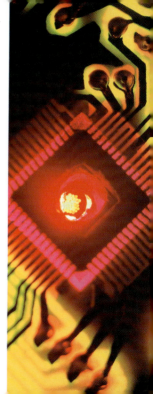

Wenn die Welt morgen untergehen würde, wäre die letzte hörbare Stimme die eines Programmierers, der sagt, daß das nicht passieren könnte.

EDWARD PHILLIPS